Gustav Ganz

Politisiert Euch!

Rechts vs. Links

Bibliografische Information der Deutschen Nationalbibliothek:

Die Deutsche Nationalbibliothek verzeichnet diese Publikation in der Deutschen Nationalbibliografie; detaillierte bibliografische Daten sind im Internet über http://dnb.dnb.de abrufbar.

Herstellung und Verlag: BoD – Books on Demand, Norderstedt

ISBN: 978-3-7481-8274-0

Politisiert euch!

1 Rechts vs. Links

Die heutige Politik ist maßgeblich geprägt von einem Kampf zwischen rechts und links. Die Rechten wollen im besten Fall Obergrenzen für die Aufnahme von Migranten aus Kriegsgebieten und aus wirtschaftlich abgehängten Regionen unserer Welt. Manche gehen einen Schritt weiter und fordern einen kompletten Migrationsstopp. Wieder andere fordern den radikalen Stopp der Aufnahme von Flüchtlingen und zusätzlich noch die Remigration aller in Deutschland lebenden Migranten, sogar derer, die hier in der Bundesrepublik geboren sind. Leider sammeln sich all diese Denkrichtungen unter einem Banner, da sie alle der vermeintlich gleiche Gedanke antreibt; Deutschland und seine christlich-abendländische Kultur vor schädlichen Einflüssen zu schützen.

Dieser Gruppe gegenüber agiert die Linke, die zum Teil die Meinung vertritt, dass Menschen überall auf der Welt ein Recht haben in Deutschland zu leben. Die Gruppe der politischen Aktivisten, vornehmlich ANTIFA, folgt ihrem namentlichen Credo, und agiert gegen die Faschisten.

Man wird kein Genie sein müssen, um zu erkennen, dass diese beiden Gruppen niemals miteinander versöhnt werden können. Dennoch erfreuen sich beide Gruppen immer höherer

Beliebtheit in der deutschen Bevölkerung. Sogar in Bayern, dem Land in dem die CSU immer wieder Rekordergebnisse erreichte, konnte die Afd bei der Landtagswahl 2018 ganze 10,2 Prozent dazugewinnen und die Grünen auch stolze 8,2 Prozent, während die CSU 10,2 Punkte und die SPD 10,9 Punkte einbüßen mussten. Die Wahl in Hessen im Oktober 2018 hat diesen Trend noch einmal in sehr ähnlicher Weise bestätigt auch hier verloren SPD und CDU massiv an Stimmen. Beide verloren ca. 11 Prozent Punkte. Die AFD legte 9 Prozent Punkte zu und die GRÜNEN hatten ebenso knapp 9 Prozent Punkte mehr.

Nun muss man betonen, dass dieses Nachaußendrängen im rechts-links Kontinuum keine Ausnahmeerscheinung ist. Zu diesem zentrifugalen Effekt kommt es eigentlich immer, wenn ein Land eine Krise zu bewältigen hat, vor existentiellen Problemen steht oder mit anderen politischen Herausforderungen konfrontiert ist. In der heutigen Bundesrepublik ist dieses Problem ganz eindeutig die massive Zunahme der weltweiten Migration nach Europa in Folge von Krieg, Naturkatastrophen, Hunger und Armut.

Geschichtlich gesehen ist dieses Phänomen, dass die deutschen Wähler sich nach rechts und links orientieren, also eigentlich keine große Überraschung. Wenn die Problemlage von den etablierten Parteien in den Griff bekommen würde, dann würden die Wähler sicherlich wieder mehr zur

Mitte drängen. Eine weitere Möglichkeit besteht darin, dass die Volksparteien selbst versuchen ihre Programme mehr nach links und rechts auszurichten wie es die CSU in Bayern versucht hat. Es hat sich allerdings gezeigt, dass die Bürger sich darauf nicht einlassen wollen.

Bedenkt man nun, dass das Problem der Migration nach Deutschland gar nicht so einfach in den Griff zu kriegen ist, selbst wenn man alles daransetzen würde, weil es recht-staatlich einfach viele Hindernisse gibt. Außerdem geht es hier um Belange, auf die man seitens der deutschen Politik keinen realpolitischen Einfluss nehmen kann. Auch wenn neuerdings immer wieder propagiert wird, dass man die Probleme vor Ort in den Krisengebieten unserer Erde lösen müsse, ist es doch nicht durchsichtig wie das erfolgreich umgesetzt werden könnte. Genau hier liegt meiner Ansicht die ungeheure Gefahr der politischen Situation in Deutschland. Wir haben ein durchaus erklärbares Auseinanderdriften der deutschen Wähler nach rechts und links aufgrund eines Problems, auf das man so schnell keine Lösung finden wird. Es steht zu befürchten, dass das Auseinanderdriften erst beendet ist, wenn das Problem gelöst ist. Provokativ kann man sagen: Solange bis entweder die AfD oder die GRÜNEN oder die LINKE regieren. Ich denke nämlich, dass das Problem in den nächsten acht Jahren nicht lösbar sein wird und bei der Integration der aufgenommenen Flüchtlinge wird es vereinzelt auch Probleme geben, so dass genug Zündstoff da sein wird, um alles niederzureden und zu problematisieren. Man denke daran, was für eine verheerende Wirkung solche Ereignisse wie die auf der Kölner Domplatte an Silvester 2016 auf die politische Stimmungslage haben können.

Heutzutage hört man oft den Satz: Haben wir Deutschen denn nicht aus unserer Geschichte gelernt? Aber man hört leider selten, woraus wir Deutschen nicht gelernt haben sollten. Der Nationalsozialismus? Der Krieg? Der Holocaust? Manche Deutsche haben auch daraus wahrscheinlich nichts gelernt. Wobei ich sicher bin, dass der Großteil der deutschen Bevölkerung zu den Themen Nationalsozialismus, Krieg und Holocaust eigentlich eine sehr ablehnende Haltung hat. Davon bin ich überzeugt.

Ich bin der Meinung, dass es etwas anderes ist, woraus wir nicht gelernt haben. Und das ist unsere Veranlagung zu politischen Schnellschüssen zu neigen. Diese Schnellschüsse werden, wie eben ausgeführt, durch politische und gesellschaftliche Probleme ausgelöst. Genau das ist auch die Parallele zwischen den späten 1920er und frühen 1930er Jahren und heute. Dieser Mechanismus ist so offensichtlich und wenn man ihn erkennt, dann sollte er uns davor bewahren, sich voreilig in eine linke oder rechte Ecke der Politik zu begeben.

Damals waren die Probleme zweifellos andere. Deutschland befand sich noch teilweise in der Nachkriegszeit. Die Weltwirtschaftskrise in den späten 1920er Jahren wurde zum existentiellen Problem für viele Deutsche, die schon vorher unter Armut litten. Hinzu kam, dass Deutschland zusätzlich noch unter den Bestimmungen des Versailler Vertrages zur Wiedergutmachung der Kriegsschäden wirtschaftlich ächzte. Ein ganzes Bündel an Problemen, die durch keine Regierung der Welt lösbar gewesen wäre. Die NSDAP machte selbstverständlich eine gescheiterte und schwache Weimarer Regierung für all die Probleme Deutschlands verantwortlich. Auch damals gingen Wähler nicht nur nach rechts, sondern auch nach links. Die SPD, damals noch eine Arbeiterpartei, und die KPD, kommunistische Partei Deutschlands, erhielten bei den Reichstagswahlen am 5. März 1933, welche die vorerst letzten demokratischen Wahlen darstellen sollten, zusammen immerhin satte 30 Prozent, wohingegen die Zentrums-Parteien alle an Boden verloren. Einmal in der Regierung, sicherte sich Adolf Hitler mit Hilfe von Ermächtigungsgesetzen und einiger politischer, rechtlicher und propagandistischer Tricks die alleinige Macht in Deutschland.

Die Demokratie ist nie so verwundbar wie in Krisenzeiten. Heute nehmen die Menschen in Deutschland die Migration von Flüchtlingen zunehmend als Krise wahr. Das ist eine eindeutige Parallele zur Zeit der Weimarer Republik. Man mag sich gar nicht ausmalen, was passieren würde, wenn Deutschland zusätzlich zur massenhaften Migration auch noch mit wirtschaftlichen Problemen zu kämpfen hätte. Das würde die gefährliche Entwicklung zweifellos noch beschleunigen.

Mein Appell an alle Bundesbürger: Wendet euch nicht Parteien zu, die eine schnelle Besserung des Migrationsproblems versprechen. Die Probleme der Migration greifen viel tiefer. Die Flüchtlingswellen sind nur die Oberfläche einer gefährlich brodelnden Konstellation, die sehr schnell in eine Katastrophe münden kann! Eine Isolierung Deutschlands würde die Situation zusätzlich anheizen.

2 Gesellschaftsprobleme als Katalysator

Unter Punkt 1 sollte klar geworden sein, dass wir uns in Deutschland in einer gefährlichen politischen Situation befinden, in der immer mehr deutsche Wähler aufgrund des Problems der Flüchtlingsmigration an den rechten und linken politischen Rand drängen. Ich habe bereits darauf hingewiesen, dass sich an dieser Situation nicht so schnell etwas ändern wird, im Gegenteil!

Meiner Ansicht nach gibt es einige Probleme in unserer Gesellschaft, die das Auseinanderdriften der Wähler nach rechts und links noch zusätzlich befeuern und beschleunigen.

2.1. Das Problem der (Lügen-)Presse

Es kommt nicht von ungefähr, dass die Demonstranten auf den neuen rechts-nationalen und identitären Demonstrationen voller Inbrunst skandieren: „Lügenpresse! Lügenpresse! Lügenpresse!" Mit dieser Aussage will ich keineswegs sagen, dass diese Menschen richtig liegen, zumal man nicht alle Medien allgemein unter dem Begriff „Lügenpresse" subsumieren kann.

Allerdings kann man meiner Meinung nach nicht übersehen, dass die bundesdeutschen Medien ihre Glaubwürdigkeit und ihr Vertrauen bei vielen Deutschen verspielt haben. Zu diesen Menschen zähle auch ich mich dazu, weil ich die Meinung vertrete, dass die deutsche Presse ihre Aufgabe der neutralen Berichterstattung nicht mehr gerecht wird. Überall wird tendenziell berichtet, überall werden Nichtigkeiten problematisiert und wenn es möglich ist, versucht man so hart wie möglich zu polarisieren. Natürlich muss man jede Nachricht eigentlich für sich selbst bewerten, aber die Grundtendenz ist überall zu erkennen.

Was PEGIDA angeht, so kann ich mich zum Beispiel an eine Reportage erinnern, in der PEGIDA-Demonstranten (zu dem Zeitpunkt waren es wohlgemerkt über 10.000 Menschen) interviewt wurden. Man bekam leider Eindruck, dass hier fünf Demonstranten befragt wurden, die sich am wenigsten artikulieren konnten, so dass man als Zuschauer zum Ende auf jeden Fall totales Unverständnis hatte. Nun ist es heute aber ohne weiteres möglich sich auch woanders Bilder von PEGIDA einzuholen und wenn gar nichts hilft, kann man dort auch mitmarschieren, um sich ein Bild zu machen. Wenn man dies tut, kommt man meiner Ansicht nach ganz selbstverständlich zu dem Schluss: „OK. Die sind zwar rechts, manche vielleicht auch extrem rechts, aber die meisten sind Menschen wie du und ich, mit den gleichen Problemen wie du und ich."

Das hat meiner Meinung nach dazu geführt, dass heute so viele Menschen mit rechts sympathisieren bzw. sich mit rechts solidarisieren, denn die Unsicherheit in der Bevölkerung ist greifbar. So wurden die Medien als vermeintliche Gewinner ihrer Kampagne zu den Verlierern.

Das ist nur eines von vielen Beispielen wie die deutschen Massenmedien durch ihr subtiles Vorgehen immer mehr an Glaubwürdigkeit und Vertrauen verlieren. Warum sollte das nun einen Rechtsruck und Linksruck in der Bevölkerung provozieren? Zum einen, weil sich die Menschen gegen einseitige Berichterstattung miteinander solidarisieren und damit in Opposition gehen zu den Medien, die auch mit der Regierung gleichgesetzt werden (zum Teil zu Recht, zum Teil aber auch zu Unrecht). Zum anderen bricht mit diesem Phänomen eine Säule des Staates weg, die lange Zeit als neben Judikative, Legislative und Exekutive das vierte Machtzentrum im Staat war und als eine demokratie-erhaltende Institution wahrgenommen wurde. Noch besteht diese Macht noch weiter hin, bricht aber Stück für Stück weg. Als vierte Macht im Staat, oblag es den Massenmedien die Meinungen der Menschen auf demokratischer Ebene zu provozieren. Und lange gelang es auch, die Parteien der Mitte stabil zu halten und neue Parteien schnell wieder einzustampfen. Mit der AfD ist dies seit langer, langer Zeit mal wieder nicht gelungen. Das ist für mich ganz klar ein Zeichen dafür, dass die öffentlich-rechtlichen Medien an Glaubwürdigkeit und Macht verloren haben. Die alternativen Medien im Internet beschleunigen diesen Machtverlust der deutschen Medien noch. Nun ist es erst einmal gut, dass durch alternative Medien mehr Möglichkeiten der Meinungsbildung vorhanden sind, wie es in einer Demokratie sein sollte, allerdings kann diese Situation auch in eine ernstzunehmende Orientierungslosigkeit bei vielen Menschen führen. Es war immer gesellschaftsfähiger Konsens, dass man den öffentlich-rechtlichen Medien in Deutschland vertrauen konnte. Dies scheint nicht mehr gegeben zu sein, so dass sich viele Deutsche selbst um Wahrheitsfindung bemühen. Dass so eine Wahrheitssuche in Orientierungsverlust münden kann, ist offensichtlich, wenn man bedenkt wie vielen vermeintlichen Wahrheiten man im Netz ausgesetzt ist.

2.2. Die Arroganz der etablierten politischen Parteien

Ein weiterer Auslöser für die Orientierungslosigkeit der Bevölkerung ist meiner Ansicht die Arroganz bzw. Bürgerferne der aktuellen Parteien der Mitte. Vieles dreht sich nur darum, wie man sich in Opposition zu einander am Besten verhält, um Wählerstimmen zu sichern. Auf Fang nach Wählerstimmen sind alle Parteien; das liegt in ihrer Natur. Allerdings muss man festhalten, dass die meisten politischen Themen bei den großen Parteien undurchsichtig sind, während sich linke und rechte Parteien um Einfachheit bemühen. Aber mit Arroganz meine ich noch etwas anderes. Nämlich eine mangelnde Kommunikation!

Als Frau Merkel ihren berühmten Satz sagte: „Wir schaffen das!" Dachte ich für mich: Wow, der Satz wird mal in die Geschichte eingehen und gleich neben Sätzen stehen wie „Ich bin ein Berliner". Zugleich war ich in dem Moment stolz Deutscher zu sein. Allerdings waren diese Worte für das Ausmaß dessen, was auf uns zu kam, ein wenig dürftig, denn Sie erklärten nicht, wie genau wir das alles schaffen sollten. Ich bin immer noch der Meinung, dass die Flüchtlingsintegration, zumindest in meiner Heimat, sehr gut funktioniert hat; kann aber auch verstehen, dass viele Deutsche etwas mehr erwartet hätten. Alles was beim Bürger ankommt, ist der Plan, vor Ort in Fluchtregionen mehr zu tun, damit die Menschen keinen Grund mehr haben zu flüchten. Wie so eine Hilfe aussehen könnte, bleibt weitgehend unklar und bleibt sehr wahrscheinlich auch unmöglich.

Was ich damit sagen will ist, dass die Politik sehr schlecht darüber kommuniziert, wie sie real Politik machen will und macht. In den Medien bleiben Skandale das beliebtere Thema. Diese schlechte Kommunikation erweckt beim Bürger den Eindruck von Ignoranz und Arroganz der Regierungsparteien. Auch der Umgang der Regierungsparteien SPD und CDU/CSU mit den kleineren Parteien erweckt bei vielen Bürgern den Eindruck, dass diese Politiker arrogant sind und keine anderen Meinungen zulassen können. Im Wahlkampf könnt ihr ja gerne arrogant eure Meinung proklamieren, aber bitte nicht in der Tagespolitik!

Auch diese vermeintliche Arroganz der Politik führt letztlich dazu, dass Menschen sich von den großen Volksparteien abwenden und links und rechts nach Alternativen suchen.

2.3. Das Problem der sozialen Medien

Als ein letztes beschleunigendes Element des Auseinanderdriftens der Gesellschaft möchte ich die sozialen Medien zur Diskussion stellen, denn heute werden in den sozialen Medien „Meinungen gemacht". Egal welches Thema, überall besteht die Gefahr, dass es zu einem Meinungs-shit-storm kommt. Als 2018 die WM in Russland war, habe ich ein Fan T-Shirt designt und über Facebook beworben. Darauf zu sehen war: „Die Mannschaft" / Dann ein schwarz-rot-goldener Fingerabdruck und darunter stand noch „Teil unserer DNA". Das war zugegebenermaßen das erste Mal, dass ich bei Facebook Werbung schaltete und meine Facebook Seite hatte gerade mal sieben Likes. Es dauerte keine Stunde bis eine Diskussion darüber entbrannte, ob die Mannschaft nicht Nationalmannschaft heißen sollte. Es ging am Ende gar nicht mehr um das Fan-Shirt einer Mannschaft, sondern nur noch darum, ob die Mannschaft deutsch genug ist. Ich war geschockt, wie sich an so einem nichtigen Werbebeitrag so viele Leute politisch abarbeiten können.

Das war meine persönliche Erfahrung damit, wie in den sozialen Medien Meinungen gebildet werden. Es geht nicht zuletzt auch darum, wer diese social-media Kriege gewinnt. Es zählt nicht das Motto der Klügere gibt nach. Nein. Wer nachgibt, ist der vermeintliche Verlierer und wer Verlierer ist, dessen Meinung will auch niemand übernehmen.

Seltsamerweise sind es oft die Rechten, die social-media Kriege gewinnen. Der Grund dafür liegt wohl auch darin, dass man gezielt Ressourcen nutzt, um diese Kriege zu gewinnen. Das solche Kämpfe auch Einfluss auf die Meinungsbildung vieler Menschen haben liegt auf der Hand, denn entweder ist man auf der einen Seite oder eben auf der anderen. In der Mitte gibt es dort nicht. Differenzierte Auseinandersetzungen finden nicht statt. Man muss sich für die eine oder die andere Seite entscheiden. Es gebe noch weitere Beispiele für beschleunigende Faktoren im Prozess des Auseinanderdriftens der Gesellschaft, aber die gennannten sollen zunächst einmal ausreichen.

3 Das Zusammenscharen der Massen

Durch die zunehmende Polarisierung der Auseinandersetzung zwischen rechts und links werden die Massen in beide Lager gedrängt. Diese Situation ist extrem gefährlich und ich verweise wiederum an die eben dargestellten geschichtlichen Parallelen. Die Positionen an den äußeren Rändern sind niemals miteinander zu versöhnen! Lasst euch nicht an diese Ränder drängen und lasst euch auch nicht von diesen Rändern instrumentalisieren.

Wenn ihr mit gewaltbereiten Nazis durch die Straßen zieht, ihr deren extreme Haltungen aber nicht vertretet, in dem Moment werdet ihr instrumentalisiert. Seid euch dessen bewusst! Genau dasselbe richtet sich natürlich auch an linke Aktivisten. Distanziert euch von den Leuten, die zu radikal sind und beispielsweise Autos anzünden oder Steine werfen, ohne dass dies in irgendeiner Weise provoziert worden wäre, und distanziert euch auch von Leuten, die aggressiv gegen alle Demonstrationsteilnehmer PEGIDAs und ähnlicher Demonstrationen vorgehen, ohne zu differenzieren. Tut ihr es nicht, werdet ihr instrumentalisiert!

Neulich habe ich ein Youtube-Video von einer Rede des rassistischen Schriftstellers Akif Pirincci gesehen auf einer PEGIDA Demo gesehen. Seine rechtsradikalen und rassistischen Ansichten wurden keineswegs von der Masse des Publikums bei PEGIDA geteilt. Im Gegenteil, die bewegte Menge wurde still und obwohl die Stimmung zu Beginn durchaus aufgeheizt war, hielten sich die Demonstranten mit Applaus zurück. Am Ende schaltete man sogar das Mikrofon ab, um Pirincci daran zu hindern, seine wirren rassistischen Parolen zu verbreiten. Dies ist ein Beispiel dafür, wie man sich davor bewahren kann, instrumentalisiert zu werden. Zugleich zeigt dieses Video, dass Pegida eben nicht ein Protest ist, bei dem nur wasch-echte Nazis aufmarschieren.

Bewahrt euch eure eigene Meinung und macht nicht bei allem mit. Wenn ihr euch alle einer Masse anschließt und blind das übernehmt, was die

Führer dieser Masse propagieren, dann ist Deutschland verloren. Nichts ist so gefährlich wie Einheitsmeinungen, vertreten durch eine Masse. Irgendwann werden die Menschen nämlich bei allem mitmachen. Gustav Le Bon hat dieses Phänomen in seinem Buch „Psychologie der Massen" eindrücklich beschrieben.

Jeder hat das Recht auf seine eigene Meinung und wenn ihr der Meinung seid, dass man die Migration von Flüchtlingen stoppen sollte, dann ist das zunächst einmal legitim und euer gutes Recht. Illegitim wird es erst, wenn ihr polemisch Hetze betreibt gegen Flüchtlinge, Migranten, Muslime oder Juden oder wenn ihr euch dazu hinreißen lasst, in doppelmoralischen Dimensionen zu denken.

4 Politisiert Euch!

Was könnt ihr tun: Politisiert euch! Politik bedeutet in der Diskussion über gesellschaftlich relevante Themen zu Lösungen zu kommen, ob am Stammtisch, auf Demos oder auf der Straße. Politik bedeutet auch, dass man konträre Meinungen zulassen muss und nicht als höchste Instanz aufzutreten und seine Stellung durch Gewalt zu untermauern. Politisch zu sein bedeutet auch, sich über die Dinge zu informieren, für oder gegen die man eintritt. Denn nur auf einer solchen Basis kann man argumentieren. Es reicht nicht zu sagen:

„Deutschland wird islamisiert. Sie müssen doch nur mal in der Großstadt auf die Straße gehen." Macht euch schlau! Versucht auch mit euren vermeintlichen Gegnern in Kontakt zu kommen. Diskussionen finden kaum statt und wenn, drehen sie sich darum, wer angefangen hat, wenn es zu Auseinandersetzungen kommt. Diskutiert mit Leuten über eure Ansichten. Wer weiß: Am Ende merkt ihr vielleicht, dass der Andere auch nur ein Mensch ist und nicht nur Nazi oder Linksversiffter Hippie. Politisch zu sein, bedeutet auch, im Alltag politisch zu sein. Seine eigenen Grenzen auch deutlich machen und nicht zu schweigen, wenn jemand, der ähnlich im Ansatz ähnlicher Meinung ist, diese Grenzen überschreitet.

An die Menschen, die gegen die Aufnahme weiterer Flüchtlinge sind: Wenn ich politisch bin, dann muss ich auch wissen, wer mit mir zusammen auf Demos skandiert: „Wir sind das Volk". Wenn ich politisch nicht die Meinung der Rassisten und Radikalen teile, dann sollte man sich vehement davon distanzieren und keine Zweckfreundschaften eingehen.

An die Menschen, die gegen die Menschen protestieren, die gegen die Aufnahme von Flüchtlingen sind. Politisch zu sein bedeutet es auch, andere Meinungen zulassen zu können. Tut euren Unmut weiterhin kund, aber seid nicht so verdammt destruktiv und schert nicht alle Menschen über einen Kamm. Wenn ihr schon politisch sein wollt, dann müsst ihr euch auch politisch verhalten.

POLITISIERT EUCH! Schafft euch Alternativen zur Partei der AfD, wenn ihr das Gefühl habt, dass diese Partei rassistische Tendenzen zeigt, mit denen ihr euch nicht wohlfühlt. Ich hätte mir gewünscht, dass ein Herr Lucke dies nach seinem Abgang getan hätte. Es ist meiner Meinung nach symptomatisch, dass die GRÜNEN gerade eine Renaissance feiern, weil die GRÜNEN anders als die LINKE gemäßigt links sind. Im rechten Parteienspektrum fehlt eine solche Partei leider. Falls ihr keine AfAfD (Alternative für die Alternative für Deutschland) schaffen wollt, dann holt euch eure Partei von den Leuten zurück, die zwar wie ihr gegen die Aufnahme weiterer Flüchtlinge seid, aber darüber hinaus extrem rassistische Ansichten vertreten und der Ansicht sind, dass sogar hier geborene Migrantenkinder auszuweisen sind. Ich bin mir sicher, dass die Mehrheit der AfD Wähler nicht so radikal denkt! Also wehrt euch dagegen, dass ihr zur Schwesterpartei der NPD werdet.

Bis hierhin, habe ich versucht in meinen Ausführungen sachlich zu bleiben und meine persönliche politische Ansicht zurückzustellen, möchte aber am Ende gerne noch einmal persönlich werden. Lasst euch bitte nicht politisch nach rechts oder nach links drängen! Die Reaktion ist allzu verständlich, aber leider auch genauso fatal. Das Problem, mit dem Deutschland konfrontiert ist, lässt sich nicht einfach lösen. Wenn ihr meint, dass eine Abschottung Europas und Deutschlands die Lösung des Problems ist, werdet ihr enttäuscht werden. Das wird die Probleme innerhalb Deutschlands verschlimmern und Deutschland auch nach außen hin angreifbar machen. Ich bin sicher, dass viele von Euch ähnlich denken, aber keine anderen Alternativen sehen.

Welche Möglichkeiten habt ihr dann? Gebt den etablierten gemäßigteren Parteien eine Chance, wenigstens so lange, bis es Alternativen gibt, die weder extrem rechts, noch extrem links sind. Engagiert euch politisch! Protestiert gegen alle Kriege und fordert dazu auf, die Kriege zu beenden oder fordert die Regierung auf an der Beendigung der Kriege mitzuwirken, öffentlich und vehement! Den letztlich sind es meistens Kriege, die Menschen zu Flucht bewegen. Macht euch schlau, wie man seitens der Regierung versucht, mit dem Problem der Flüchtlingsmigration umzugehen. Im besten Falle, seid kreativ und überlegt euch, ob es nicht auch andere Wege, geben könnte.

Versucht euch vorzustellen, was die Folgen wären, wenn Deutschland sich radikal von allen Geflüchteten abwendet. Setzt euch mit Flüchtlingen auseinander. Versetzt euch in die Menschen hinein, die abgewiesen werden würden. Jeder Mensch will sein Leben so gut wie möglich leben und jeder Mensch will, dass seine Kinder das bestmögliche Leben leben können. Wenn diese

Menschen sich in ihrer Existenz bedroht sehen, ist es ein Naturinstinkt, zu fliehen, egal, ob man irgendwo wollwollend aufgenommen wird oder nicht. Jeder Mensch würde das so machen. Sagt mir wie es wäre, wenn ihr es wäret, denen man jegliche Türen zur Rettung oder Verbesserung des Lebens verschließt? Was würdet ihr tun, wenn ihr nichts zu verlieren hättet? Seid ehrlich! ALLES, WAS NOTWENDIG IST, UM ZU ÜBERLEBEN! Wenn man Millionen Menschen in eine solche Lage bringt, kann das nur gefährlich sein, ganz davon abgesehen, das wir dadurch unsere Menschlichkeit verlieren würde. Der Mensch vermag es zu reflektieren; ALSO REFLEKTIERT! Denkt an die möglichen Konsequenzen eurer Forderungen.

Ein nationales und rechtes Deutschland wird auch ein militarisiertes Deutschland sein, da man nur so die Interessen des Landes schützen kann. Ein solcher Militärapparat in den falschen Händen ist gleichbedeutend mit Krieg. Und den wollt ihr nicht! Wenn ihr Angst habt vor den Folgen der Migration, solltet ihr euch fragen, ob ein möglicher Krieg weniger angsteinflößend ist.

Wenn wir alle Geflüchteten vertreiben würden, würden wir unsere Menschlichkeit verlieren. Viele der Rechten, die bei PEGIDA mitgehen und AfD-Parteianhänger plädieren ja immer für den Erhalt eines christlich geprägten Abendlandes. Wenn ihr wirklich so christlich seid, dann denkt auch mal über das Christentum nach. Eines ist im Christentum unbestritten: Das menschliche Leben ist heilig!

Ein christlicher Gott wird niemals zufrieden sein mit Taten wie Flüchtlingsvertreibung, weil wir in dem Moment, in dem wir wehrlose Menschen einem unbestimmten Schicksal überlassen, obwohl wir die Voraussetzungen hätten es anders zu machen, zu GOTTLOSEN werden! Wenn die Aufnahme der Flüchtlinge bedeuten würde, dass wir Deutsche existentielle Probleme bekommen, könnte ich eure Angst verstehen, aber das ist absurd.

Nun wird man mir vorhalten, dass es um den Erhalt der deutschen Kultur gehe. Was ist denn die deutsche Kultur? Ein Großteil der Neurechten beruft sich auf preußische Tugenden. Was sind denn diese deutschen Tugenden?
GERECHTIGKEITSSINN! Gerechtigkeitssinn provoziert Hilfeleistungen!
GEWISSENHAFTIGKEIT! Gewissenhaftigkeit verbietet jedes Vorgehen gegen Wehr- und Heimatlose! **FLEISS!** Fleiss spornt zur Arbeit aber nicht zum Radikalismus an! **TOLERANZ!** Toleranz verbietet jede Form von Rassismus oder Unterdrückung von Randgruppen und Minderheiten! **PÜNKTLICHKEIT!** Pünktlich dürft ihr immer noch sein und auch bleiben! Und natürlich dürft ihr auch weiterhin **STOLZ!** auf euer Vaterland sein! Umso mehr, wenn Deutschland es geschafft haben wird, über einer Millionen

Menschen in einer existentiellen Notlage zu helfen. Das wäre wahrlich **HELDENHAFT**!

Als letztes möchte ich noch persönlich einen Appell abgeben: Bitte tut euch und euren Mitmenschen den Gefallen und sucht euren Lebenssinn bzw. eure persönliche Werte nicht in der Politik. Politik ist dazu da, ein bestmögliches Zusammenleben zwischen den Menschen auf einer Wertebasis zu gewährleisten und nicht dazu, um euer Leben erfüllend zu gestalten. Die Wertebasis, die der Grundstein des Zusammenlebens ist, findet ihr nicht in der Politik, sondern im alltäglichen Leben. Sucht euren Lebenssinn viel eher in eurer Familie, in der Religion oder in eurer Partnerin oder eurem Partner. Die Politik vermag es nicht euch ein „besseres Leben" zu verschaffen. Das könnt ihr nur selbst tun, in dem ihr Sinn findet. Nichtsdestotrotz solltet ihr auf Basis der Werte, die ihr im Leben erlernt, politisch sein, denn nur so können wir friedlich zusammenleben. **ALSO: Politisiert euch!**

Wenn ihr keine persönlichen Werte im Leben ausgebildet habt, dann könnt ihr auch nicht politisch sein, denn dann ist euer vermeintlicher Nationalismus und eure Vaterlandsliebe nichts anderes als ein Schrei nach Anarchie! Ein Schrei nach einer Welt, in dem das Recht des Stärkeren herrscht. Darwin lässt grüßen! Wollt ihr wirklich in einer solchen Welt leben? Falls ja, seid euch gewiss, dass es auf der Welt immer einen Stärkeren als euch gibt!